CIRCULO

Incluye un cuento y una lección completa de Matemáticas sobre el círculo y la circunferencia

Una lección de Matemáticas basada en un bonito cuento que nos enseña el porque el Círculo es una figura tan importante en nuestra vida diaria.

De RODOLFO VILLICAÑA

El círculo es una figura muy bonita

La encontramos en el Sol

y la encontramos en la Luna

Un pastel tiene su forma

y nuestro planeta también

El círculo tiene forma de fruta

Y muchas otras cosas su forma tienen también

Pero cuando el círculo gira se vuelve más importante

Pues nos transporta por tierra

Y nos hace volar por el aire

Nos trasporta por el agua

Y carga cosas sin cansarse

Nos cultiva alimentos

Y los prepara muy bien

Sirve para medir el tiempo

Y para jugar también

Nos divierte con sus juegos

Y en mi comida favorita se ve muy bien

Lección de Matemáticas

Sobre el círculo, la circunferencia y la esfera

La circunferencia está formada por una
línea curva cerrada. Los anillos son un
ejemplo de una circunferencia.

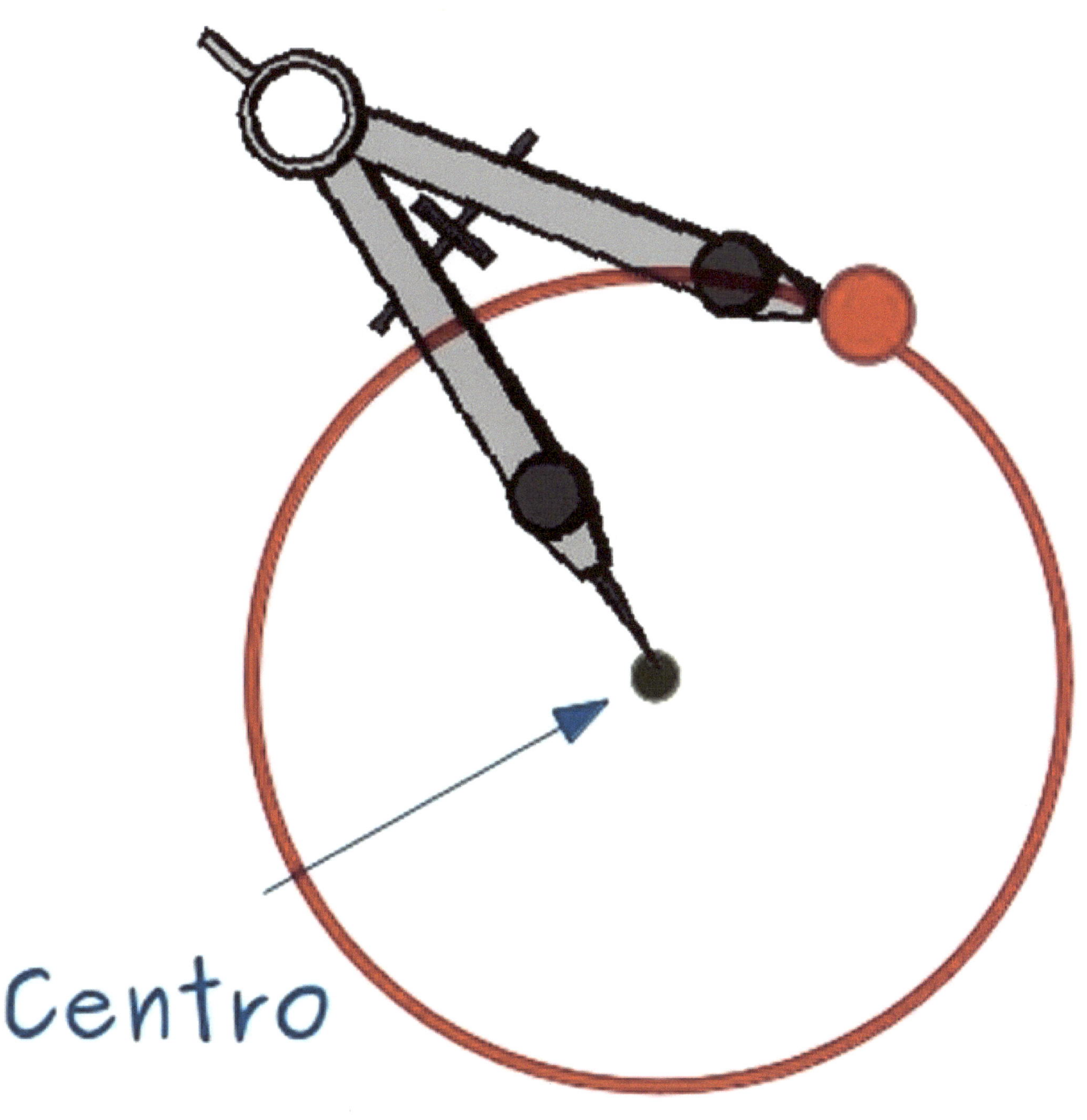

El radio es la distancia más corta que existe desde el centro de una circunferencia hacia cualquier punto de su línea curva.

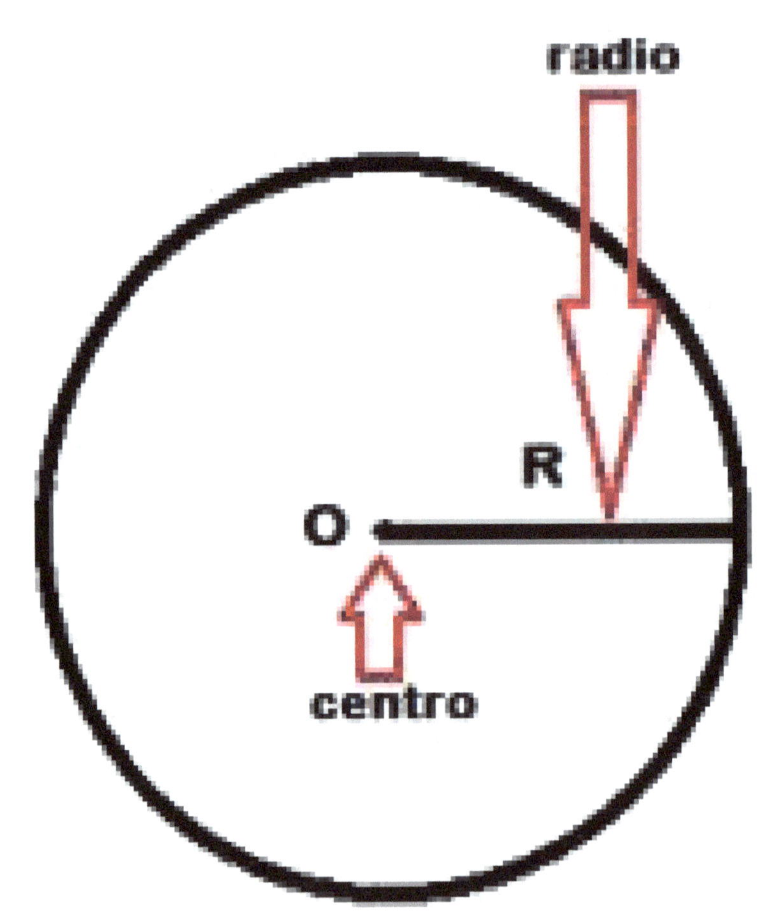

El diametro es la medida que tiene una línea recta que pasa por el centro de una circunferencia y que une dos puntos de su línea curva.

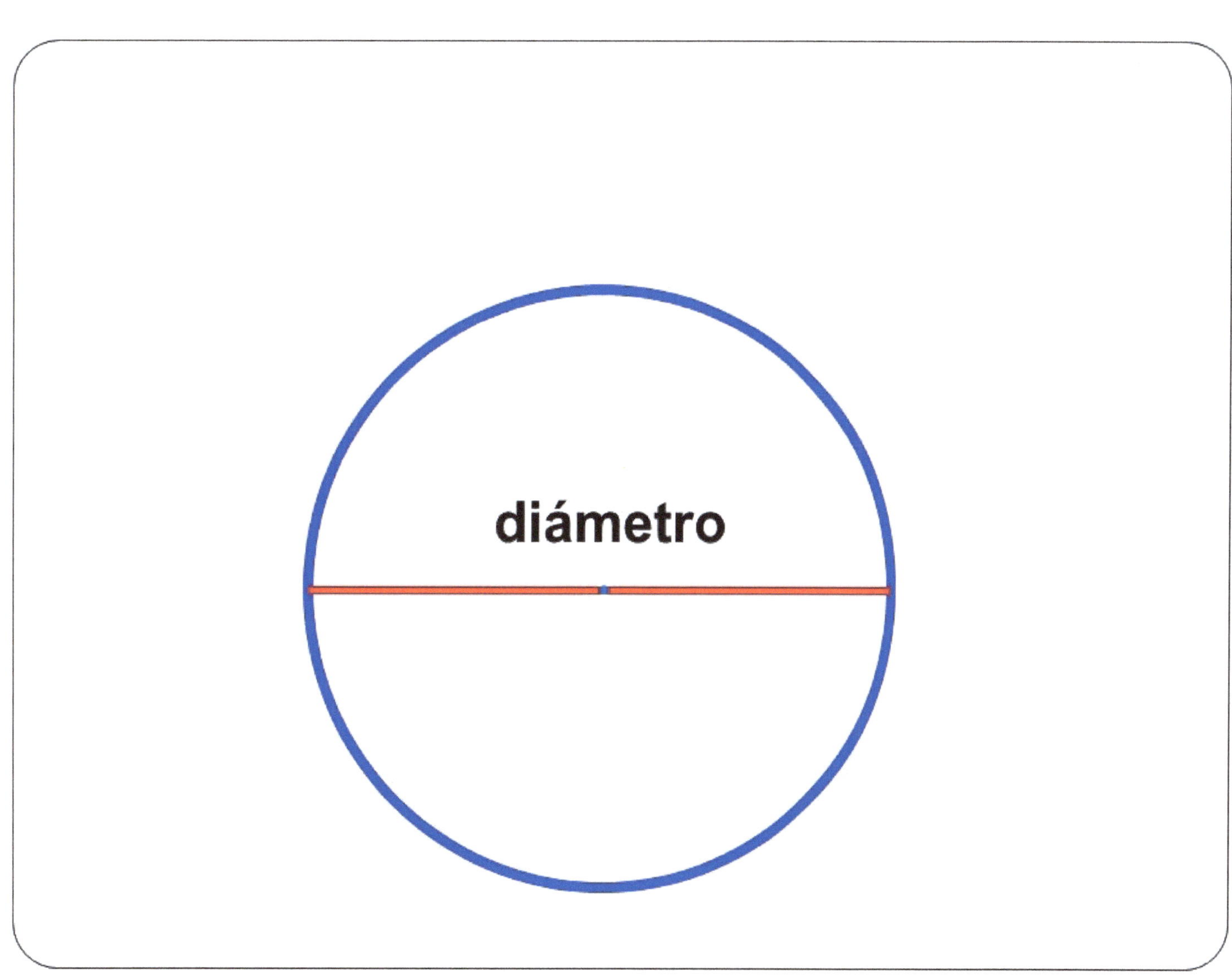

Se llama Secante a una línea recta que cruza una circunferencia y toca dos puntos de su linea curva

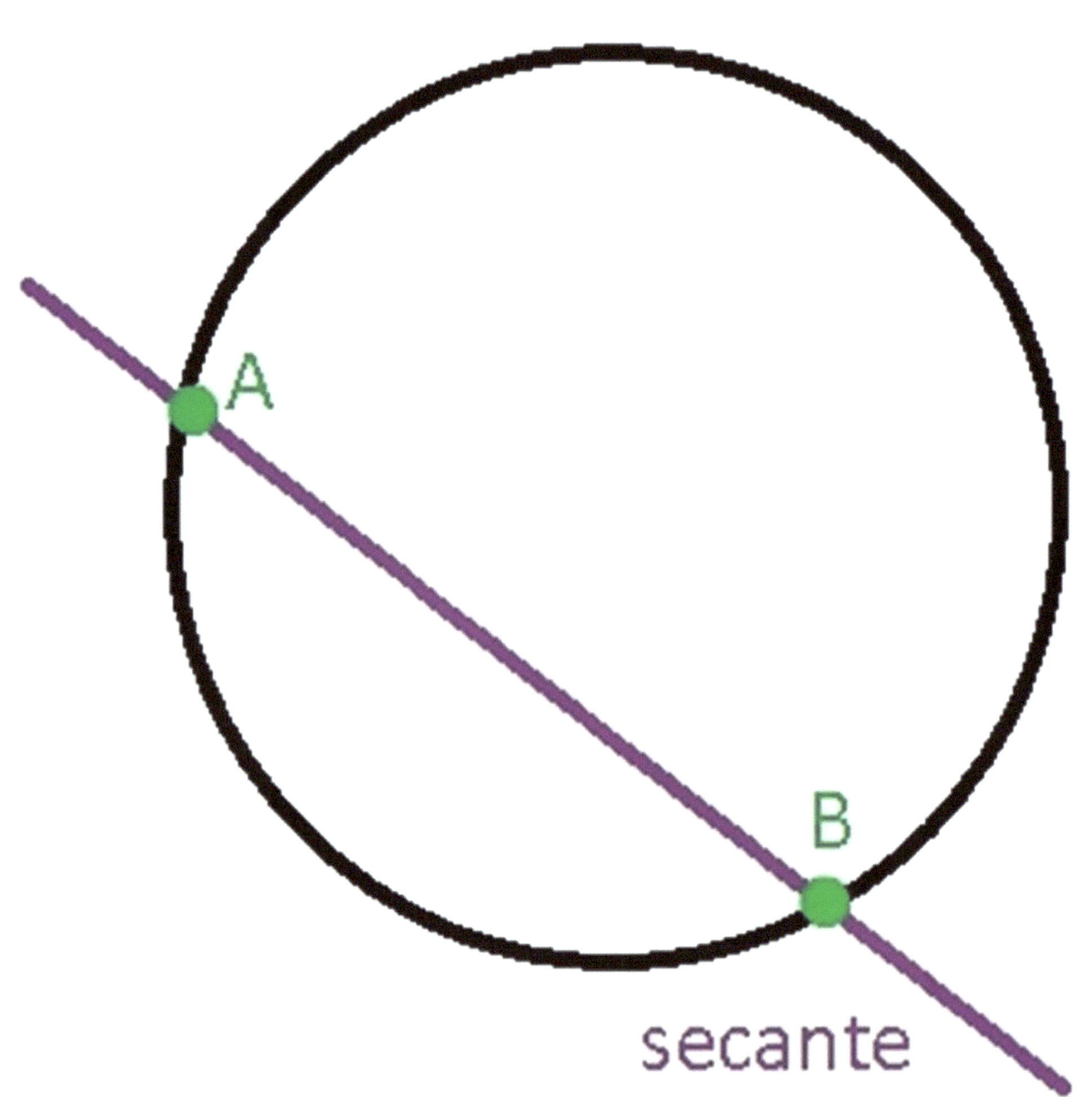

Se llama Tangente a una línea recta que toca un punto de una circunferencia pero no pasa por su interior.

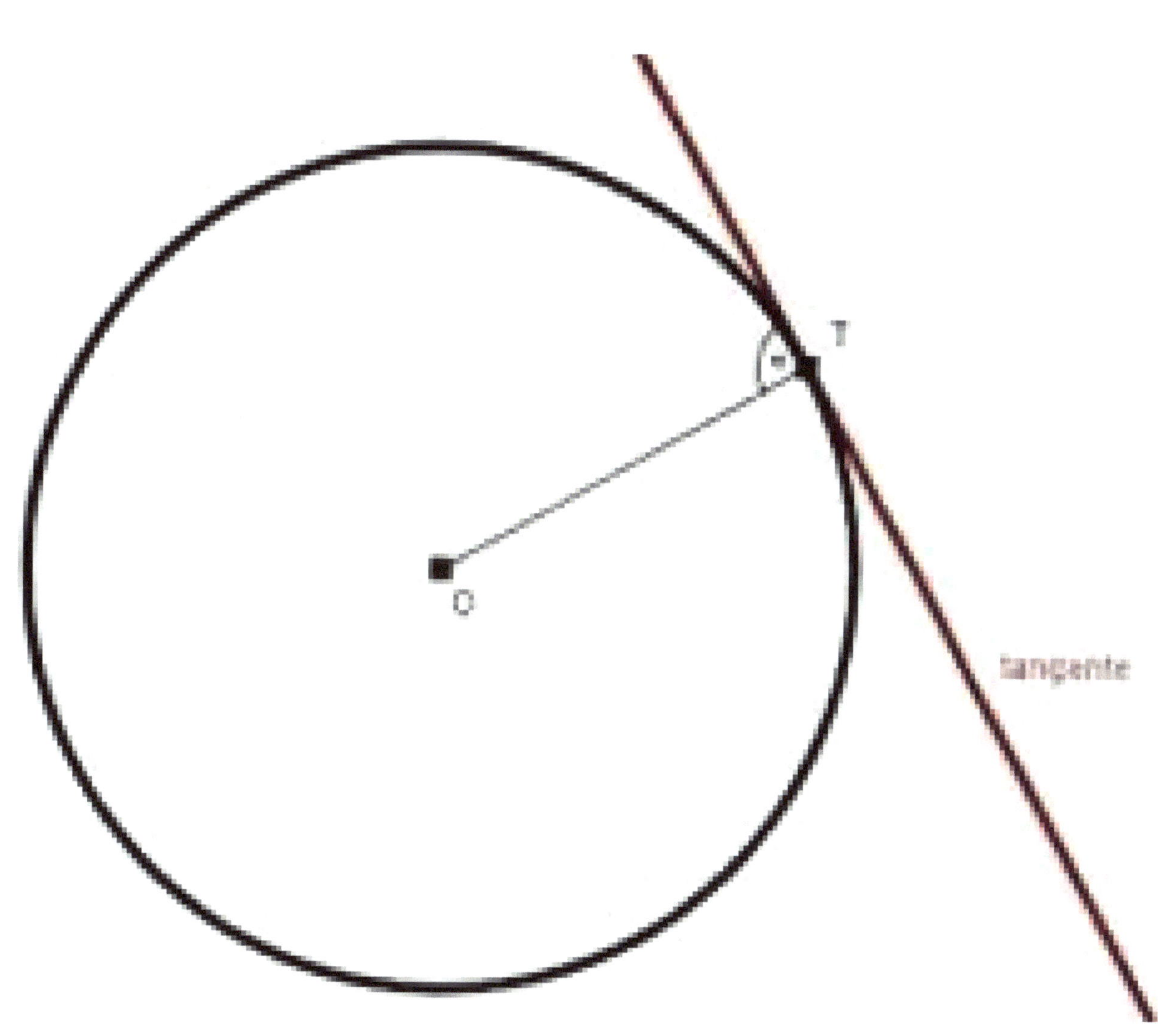

Se llama Cuerda a una línea recta que toca dos puntos de una circunferencia pero no pasa por su centro.

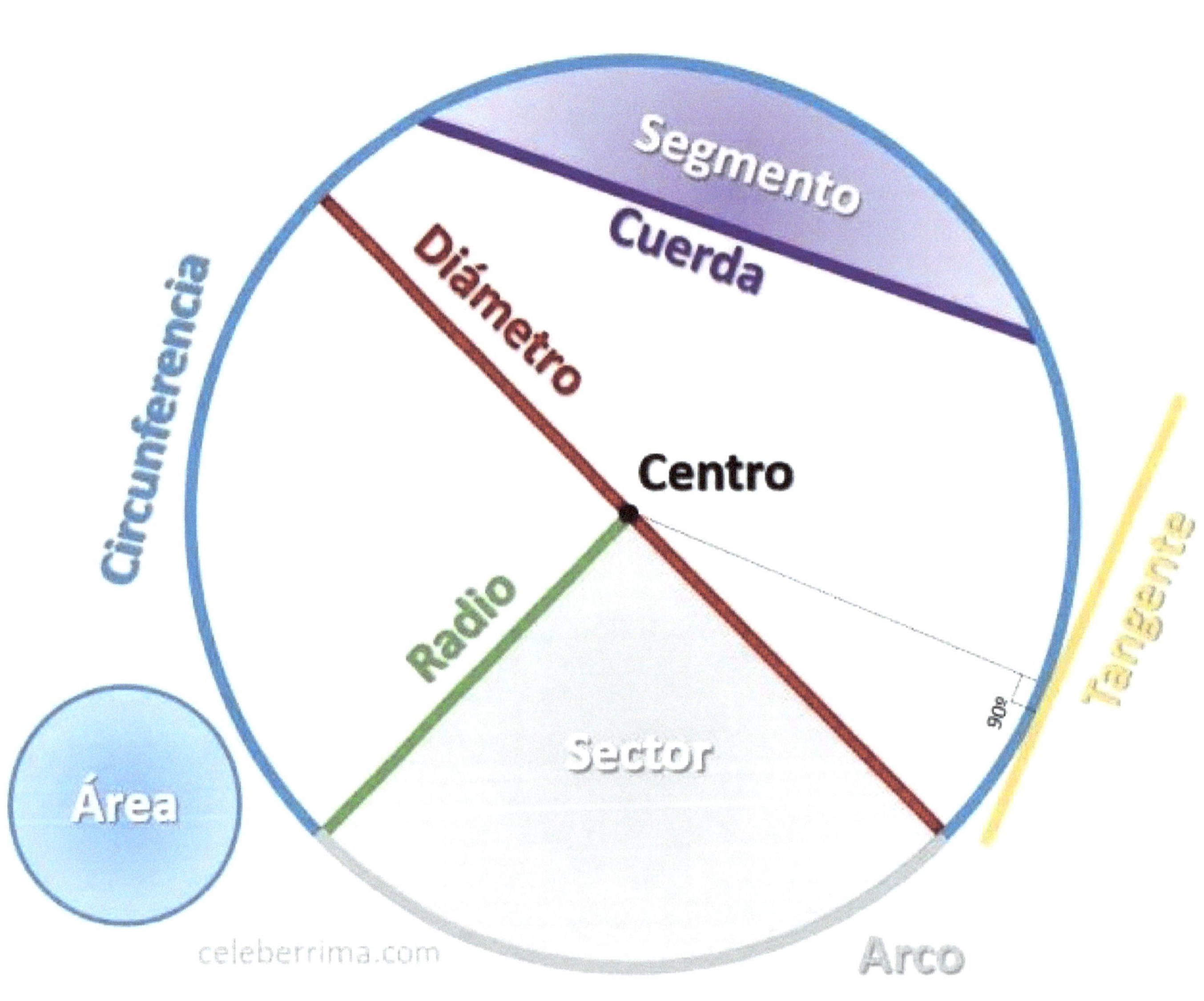

El perímetro es la línea o conjunto de líneas que forman el contorno de una superficie o de una figura.

El perímetro de una circunferencia se calcula con la siguiente fórmula:

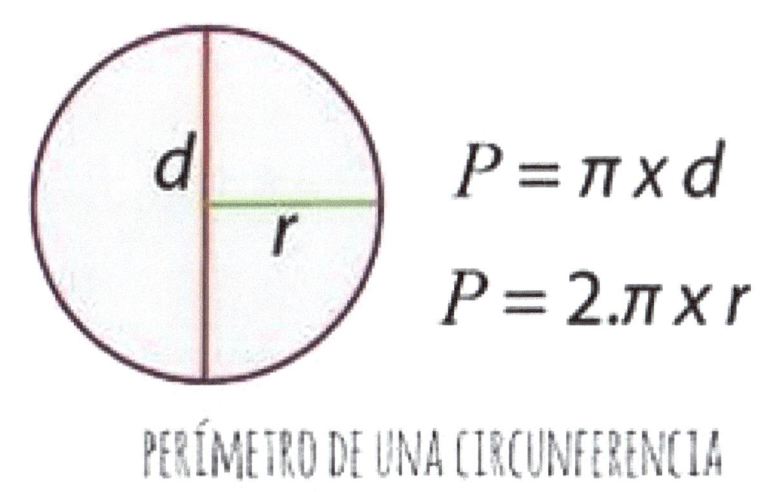

$$P = \pi \times d$$

$$P = 2.\pi \times r$$

Donde:

π es una constante igual a 3.1416

d   es el diametro de la circunferencia

r   es el radio de la circunferencia .

Que es ?

Su nombre es Pi y tiene un valor de 3.1416

Lo que significa que siempre el perimetro de una circunferencia es igual a 3.1416 veces su diametro

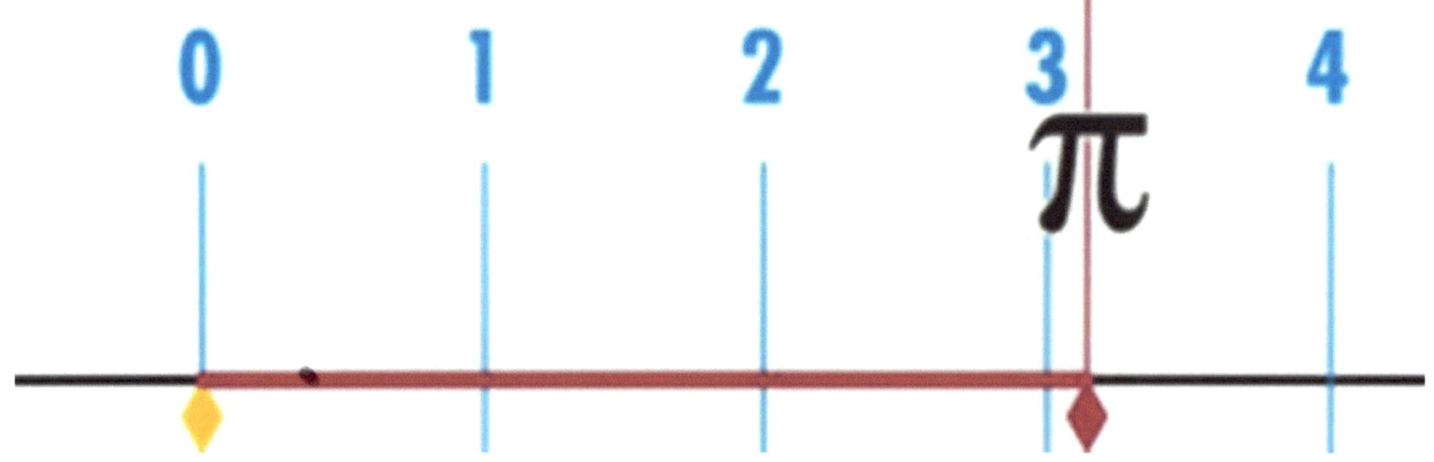

Círculo es una figura geométrica delimitada por una circunferencia

¿QUÉ ES EL ÁREA?

El área de una figura es la cantidad de superficie que ocupa.

En el caso de una figura que se dibuja sobre un papel, podríamos decir que su área es la cantidad de papel que alcanza a llenar.

Para **medir el área** de una figura se elige un **cuadrado** como **unidad** y se cuenta **cuántos cuadrados ocupa la figura.**

El área de un círculo es la cantidad de cuadritos que caben dentro de ese círculo.

Donde los cuadritos pueden estar en centímetros, metros, pulgadas , yardas o millas según sea requerido por el tamaño del área a medir.

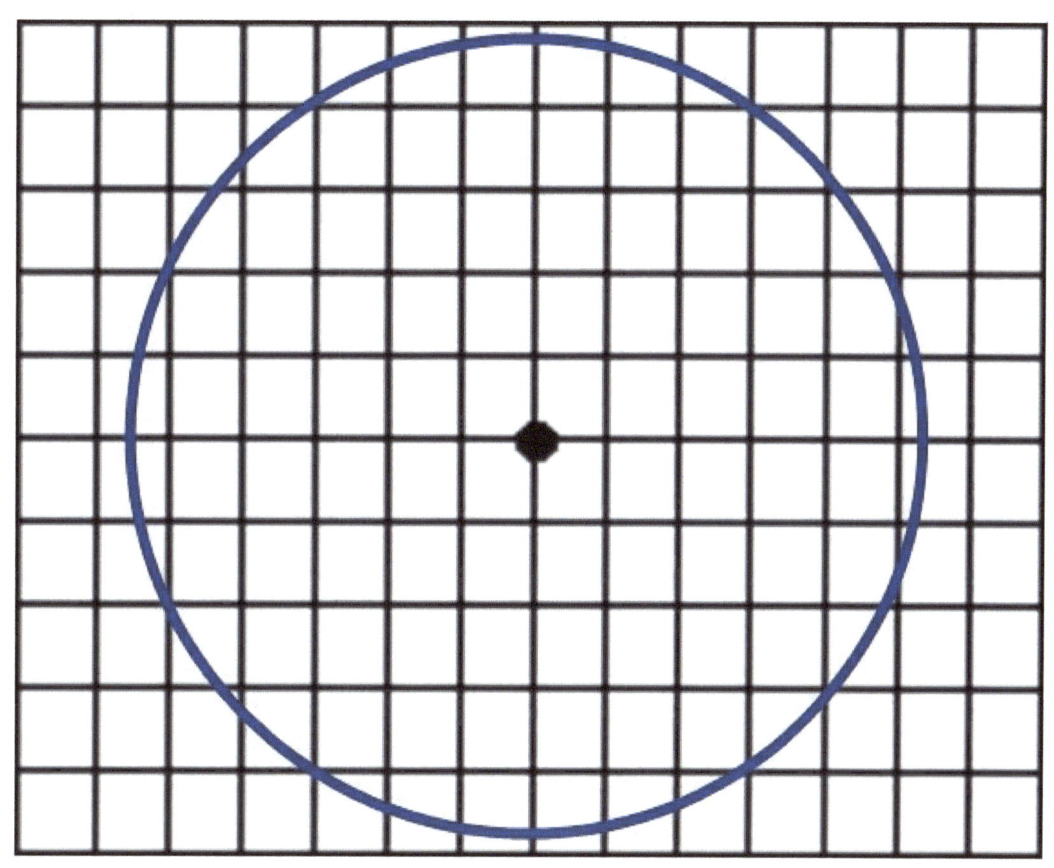

El área de un círculo se calcula con la siguiente formula

$$A = \pi R^2$$

donde:

π es igual 3.1416   y

R   es igual al radio de la circunferencia

Al movimiento que hace un círculo cuando da vueltas alrededor de su centro o eje se le conoce con el nombre de movimiento circulatorio

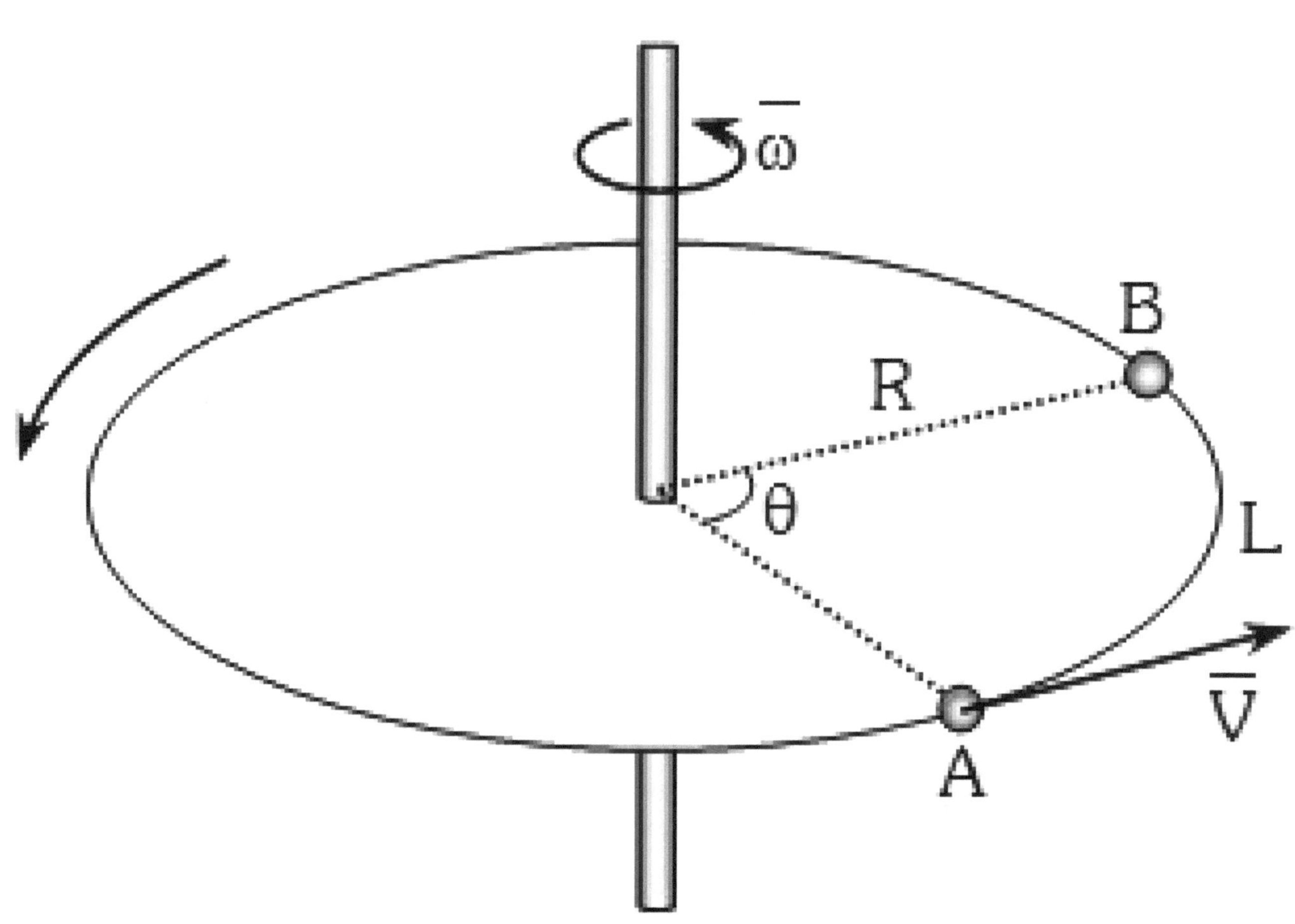

El movimiento circulatorio es muy importante ya que es lo que hace que den vueltas las llantas de los carros, las hélices de los helicopteros....

El movimiento circulatorio es el principio que hace que fucionen todos los motores, como los motores de las lanchas, los motores de las licuadoras, los motores de las lavadoras…….

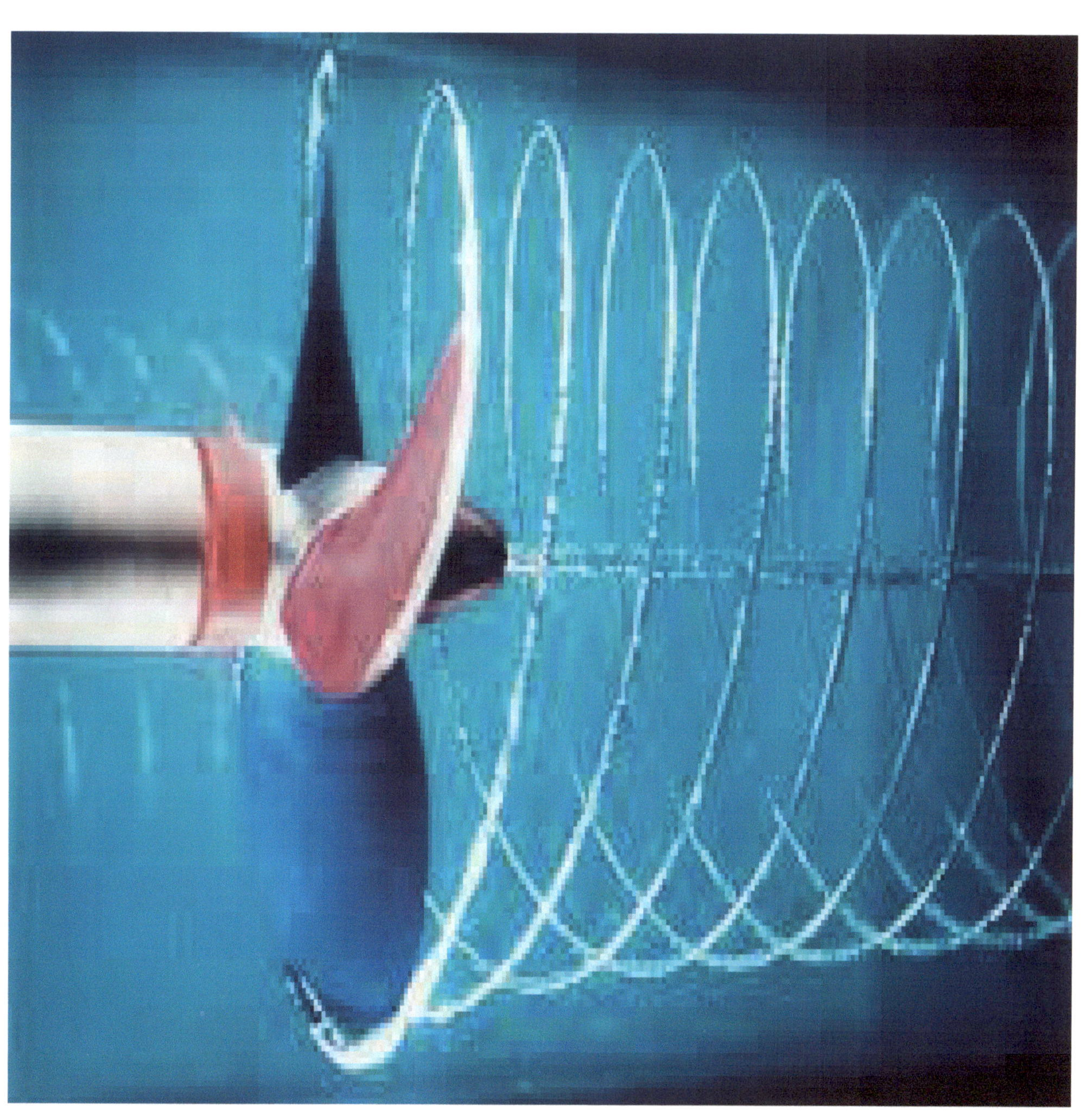

El movimiento circulatorio también lo hace nuestro planeta cuando cada 24 horas gira completamente alrededor de un eje imaginario. Dando origen al dia y la noche.

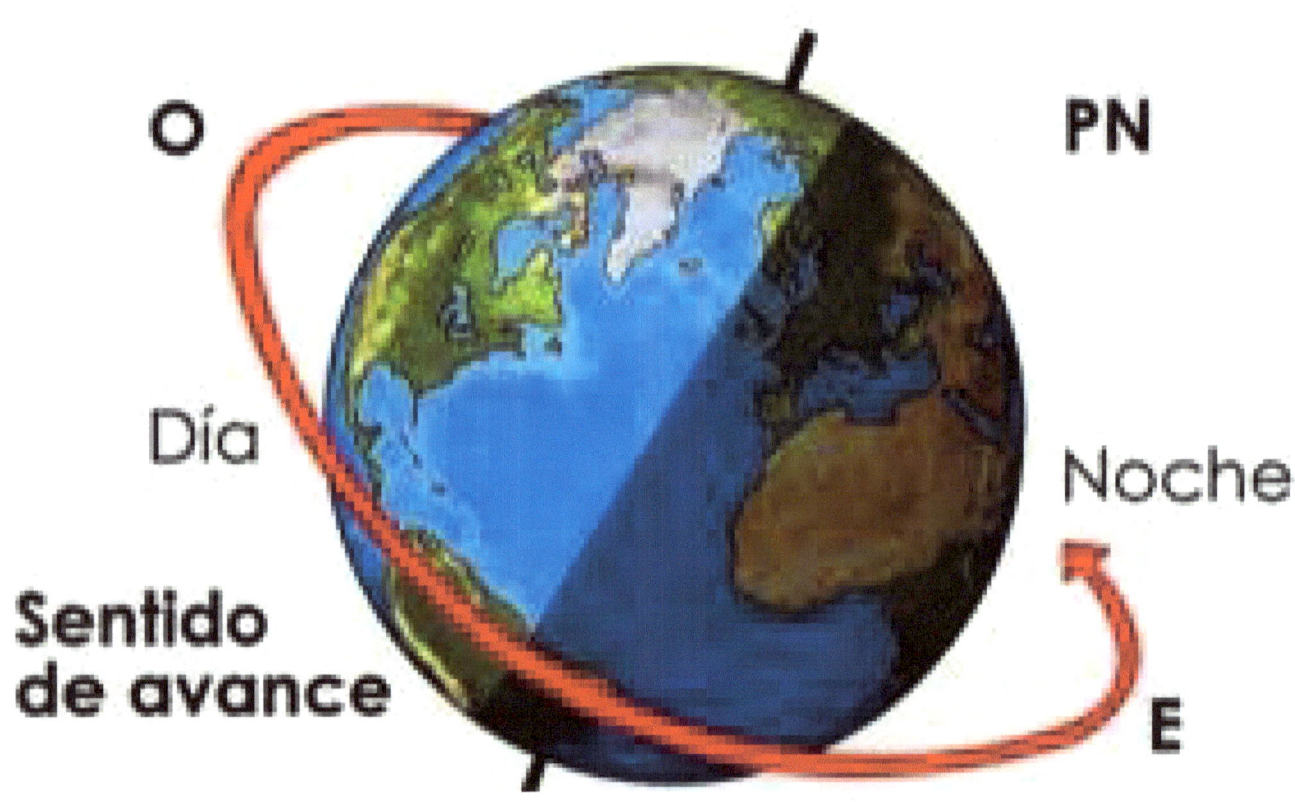

ESFERA

Es la forma que tienen las pelotas de soccer, las pelotas de tenis, las canicas, las pelotas de basketball, las pelotas de ping-pong, las esferas de los arboles de Navidad…

Una esfera es un cuerpo geométrico limitado por una superficie curva cuyos puntos están todos a igual distancia de un punto interior llamado centro.

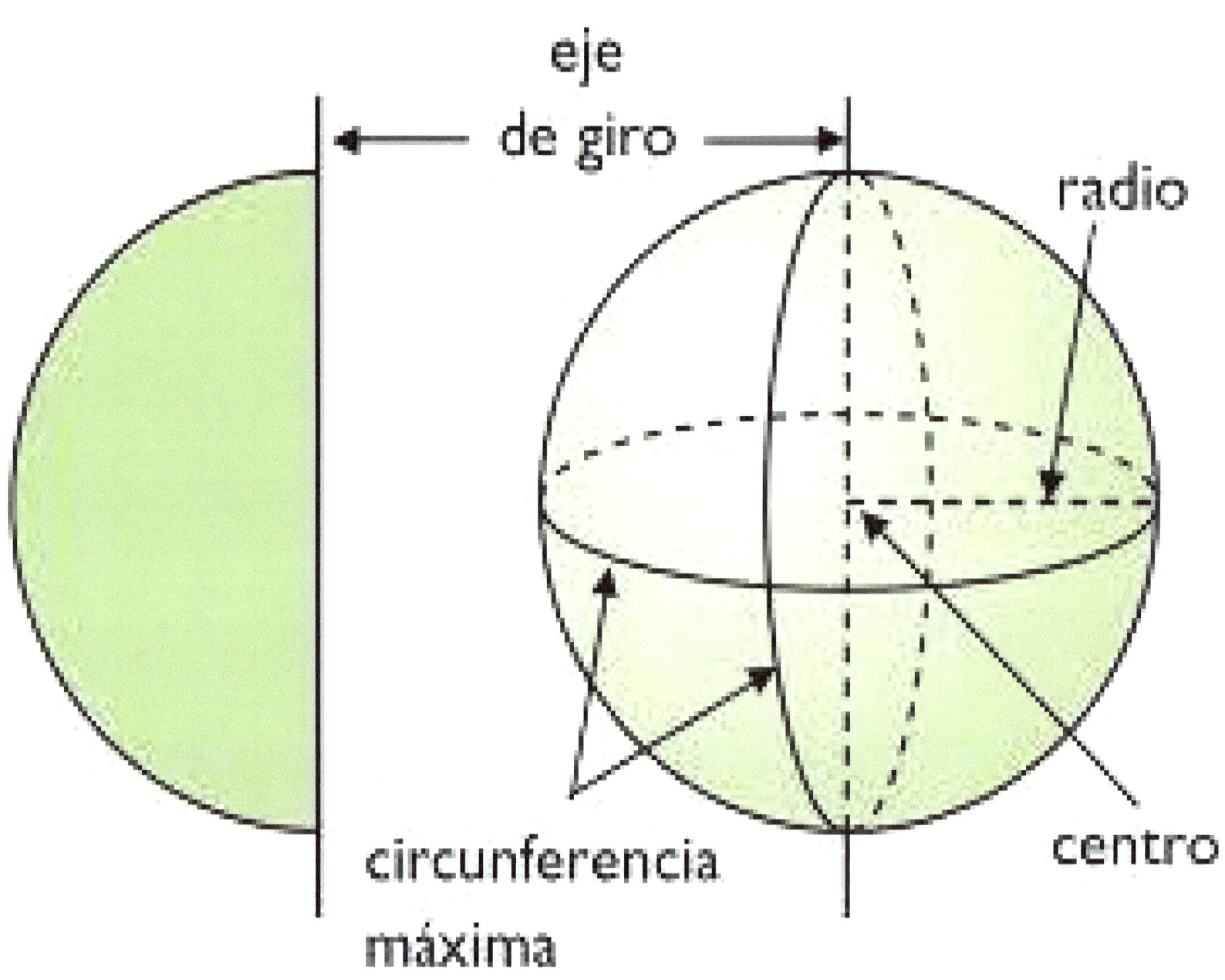

El volumen de una esfera se calcula con la siguiente formula

$$V = \frac{4}{3}\pi r^3$$

Donde :

π es igual a 3.1416 y

r es igual al radio de la esfera

Por todo esto el círculo con su movimiento circulatorio es la figura geométricas más importante y utilizada en todo el mundo

Otros cuentos de Matemáticas de la colección de Math 2 kids

www.math2kids.com

1.- Uno
2.- Luna llena
3.- Los 3 amigos
4.- Los 3 amigos brincan en la cama
5.- Los colores de la granja
6.- Los 3 amigos y el feroz borrador
7.- Los 3 amigos van a pescar
8.- La tropa
9.- Los 5 exploradores
10.- Vamos al parque de diversiones
11.- El primer día de escuela
12.- ¿ Y dónde está el hamster ?
13.- Los números van en orden
14.- El orden es importante
15.- ¿ Cómo se escribe mi nombre ?
16.- El día de tomarse la foto.
17.- Gráfica de barras
18.- El cumpleaños del número Uno
19.- Patrones de colores
20.- Nuestro amigo el Cero
21.- El mundo de las figuras
22.- El círculo es importante
23.- Invitemos a jugar a las figuras
24.- Un desfile de figuras
25.- Un mundo de colores
26.- Dibujando con figuras
27.- La Cerocienta
28.- El uno que es una decena
29.- Un viaje al país de las decenas
30.- El día 100 de la escuela
31.- Clasificando alimentos
32.- 1, 5, 10 y 25 centavos
33.- Los números juegan al reloj
34.- Más y Menos
35.- El signo Igual
36.- Apreniendo a sumar
37.- Sumando es mejor
38.- Mayor y menor que
39.- Nones contra pares
40.- Medidas
41.- Jugando a medir
42.- La fiesta de disfraces

43.- Los números van de paseo
44.- Para cambiar el autobús
45.- Jugando con el domino
46.- Jugando a la tiendita
47.- Dieznieves y los 7 enanos
48.- Cuando eran más altos
49.- Los 3 deseos de Pedro
50.- Un cuento de números
51.- El valor según su posición
52.- El poder del número 10
53.- Tabla mágica
54.- Los números romanos
55.- Dosperucita Roja
56.- Una carrera para contar
57.- La historia del calendario
58.- Las estaciones del año
59.- Como usar el calendario
60.- La historia del reloj
61.- El Cinco aprende a multiplicar
62.- Aprendiendo a usar el reloj
63.- ¿ Cómo se inventó el dinero ?
64.- Un centavo muy trabajador
65.- Un regalo inesperado
66.- Aprende a dividir de una manera
      divertida en una semana
67.- Multiplicando con manipulativos
68.- Cuento para multiplicar
69.- ¿ Y qué es el perímetro ?
70.- Fué un cuento medir ese terreno
71.- Cómo calcular cualquier área
72.- Un pastel para Milly
73.- El diagrama de Venn
74.- Las coordenadas de un cuento
75.- Las fracciones de un cuento
76.- Mitades, cuartos y octavos
77.- Sumando fracciones
78.- Un viaje inesperado
79.- El día que ganamos la lotería
80.- Es un juego de probabilidades
81.- Cómo multiplicar sí no te sabes las
      tablas de multiplicar.
82.- ¿ Y que operción tengo que usar ?

www.ingramcontent.com/pod-product-compliance
Lightning Source LLC
Chambersburg PA
CBHW042058110726
48006CB00002B/447